\ コウペンちゃんと学ぼう /

# 小学生から始める
# タイピング英語

Touch-Typing Learning

Method for Children's English

with KOUPEN CHAN

パソコンで
英語勉強して
えら〜い！

Penguin

著
**小林 京美**
（アクティメソッド）

イラスト
**るるてあ**

KADOKAWA

## はじめに　<small>小学生のみんなへ</small>

はじめまして！　小林京美です。
この本を手にとってくれてありがとう。


タイピングって、
お父さんやお母さんがやっていて、
とってもカッコいいよね！
実は、このタイピングで勉強すると、
とてもはやく英語が上達するんだよ。


タイピングがはじめてでも大丈夫！
この本で何度も何度も練習すると、
きっとタイピングも英語も、
びっくりするくらい上手になるよ！
コウペンちゃんといっしょに、
楽しくチャレンジしてみよう！

パソコンで英語勉強してえら〜い！

## ① 1日10分、練習をしてみよう！

1日1回、10分を目標に、
できるだけ毎日練習してみましょう！
毎日10分がんばったら、タイピングも英語も、
すぐに上達できるよ！

うおお

## ② タイピングのときは、音をしっかり聞いてみよう！

英語って、どんなふうに話されているのかな？
タイピング練習をするときは、音声を聞いて、
英語がどのように聞こえてくるかをチェックしよう！
慣れてきたら、音声だけを聞いて
タイピングにチャレンジしてみてね。

＊音声のつかい方は、お父さんやお母さんに聞いてね。

おやつの時間だぞ

## ③ 10分間で、英語をいくつ書けるかな？

それぞれのページでやることは、10分の間に、
そのページの英語をタイピングするだけ！
上から下まで書いていったら、
もう一度上からタイピングしてみよう。
時間内に何回もタイピングすれば、
英語がもっともっとおぼえられるよ！

# おうちの方へ

## ▼ 小学生のお子さまの「英語のお悩み」、解決します!

　本書を手に取ってくださった皆さん、はじめまして。三重県で、タイピングを取り入れた子ども英語教室「アクティメソッド」を運営している、小林京美です。

　世界のグローバル化が急速に進む中、ついに小学校での英語の授業がスタートするなど、子どもへの英語教育に大きな変化が訪れています。

　本書を読んでいただいている皆さんの中でも「うちの子はついていけるだろうか」「大手のスクールに連れていくべきか」と悩まれている方も多いことだろうと思います。

　私も、かつては皆さんと同じように「自分の子どもにどうやって英語を学ばせよう?」と悩み、子育てをしながら始めた英語教室でも「どうしたら、子どもが英語に興味を持ってくれるか」と試行錯誤を重ね、タイピング学習を取り入れた「アクティメソッド」を構築するに至りました。

## ▼ 手書きよりも5倍早く上達する「タイピング学習法」

　「タイピングで英単語を打つ」というと、「タイピングの練習だけで、紙にも英語が書けるようになるの?」と思われる方もいらっしゃるかもしれません。

　私たちが英語学習にタイピングの活用をお勧めする大きな理由は、

タイピングで練習すると、手書きよりも、
圧倒的に速く、手軽に、膨大な量の単語練習ができるため　です。

　鉛筆書きを始めたばかりの子どもたちにとって、手書きてアルファベットを何度も書きながら単語を覚えることは、非常に苦しい作業です。

　一方、タイピングを活用することて、より手軽に英単語のスペル練習が可能になり、私の体感ですが、どのお子さまも5倍くらい早く英語が上達しています。

## ▼ 「はみがき」のように英語の練習を

❶ 本書では、次のような流れでタイピングによる英語学習を提案しています。

❷ 左側の日本語を 2 本指で指して読む。

❸ 指を右にスライドさせて、右側の英語の文字を見る。

❹ 音声を聞き、発音をまねして声に出して読む。

❺ 英語を何度もタイピングして練習する。

＊音声は、「日本語あり」と「英語のみ」の 2 種類を収録しています。

　アクティメソッドで英語学習に取り組んでいる、小学校 2 年生のるい君は、2,000 語以上のスペルを完全に覚え、毎週のように英語のショートスピーチを自作して発表してくれます。

　お母様に聞いてみると、「1 日 10 分」の練習を習慣化させている、とのことでした。

　大人も子どもも、やりたい気分の時と、やりたくない気分の時があります。いわゆる、やる気、モチベーションです。

　英語は楽しい、だからやりたい！ということは、一見とても良いことのように見えますが、「やりたい時はやる」を裏返すと、「やる気のない時はやらない」となってしまいます。

　成功のカギは、

「やる気にかかわらず毎日取り組む」　ようにすること。

　つまり、はみがきのように、日々のモチベーションにかかわらず、生活に組み込むことです。時間は 10 分でもかまいません。

　「たった 10 分」と思われるかもしれませんが、充実した英語の練習を毎日行うこと。

　それが、これからの最強の英語の学び方であるということを、アクティメソッドの多くの生徒が証明してくれています。ぜひ、はみがきのように、毎日の生活の一部として、10 分間の良質な英語練習を取り入れてみてください。

　その時間を作り出すことができたら、半年後、1 年後のお子さまの英語は、見違えるほど飛躍的に伸びているでしょう！

2020 年　8 月

アクティメソッド

小林　京美

# 本書のつかい方

　本書は、小学生の皆さんが、タイピング練習を通して、中学1年生程度の基礎英語を身につけることを目標としています。

本書をご自宅のパソコンの画面の横に開いて置き、1日10分を目安に練習するように習慣づけてみましょう。

### ▼ PART 1　英語のタイピングをはじめよう！

**キーボードの基本を身につける。**

【練習の目標】

❶「ホームポジション」を身につける。

❷ 決まった指をつかってアルファベットを打つ。

❸ 英語の大文字と小文字をつかいわける。

### ▼ PART 2　単語のタイピングにチャレンジしよう！

**英単語のタイピング練習をする。**

【練習の目標】

❶ 3〜4文字の短い単語からタイピングに慣れる。

❷ タイピングをしながら、生活につかう単語をおぼえる。

### ▼ PART 3　フレーズのタイピングにチャレンジしよう！

**単語を組み合わせた「フレーズ」を身につける。**

【練習の目標】

❶ 英語の形容詞や、単数・複数などの表現を身につける。

❷ 単語を組み合わせて、いろいろな表現のタイピングをする。

## ▼ PART 4　文のタイピングにチャレンジしよう！

### 文のタイピングから、日常の表現をまなぶ。

【練習の目標】

❶ 一人称、二人称、三人称の表現をおぼえる。

❷ 日常でつかう代表的なフレーズを身につける。

## ▼ PART 5　会話文のタイピングにチャレンジしよう！

### 会話表現を学びながら、英語のカタチに慣れよう。

【練習の目標】

❶ 会話文のタイピングにチャレンジし、自然な表現を覚える。

❷ 疑問文や返答などの表現を使い、文章のつくり方を学ぶ。

## ▼ PART 6　自己しょうかいのタイピングにチャレンジしよう！

### 自分のことを話す練習をし、英作文の基礎をつくる。

【練習の目標】

❶ 自己紹介の基本フレーズをスムーズに打てるように練習する。

❷ 空欄を埋めながら文章をつくり、自己紹介文をつくる。

タイピングができると
早く英語が身につくよ。
そのためには練習が必要なんだ。

●詳しい勉強法の紹介はこちら→https://book.actimethod.com/

# もくじ

## PART 1 英語のタイピングをはじめよう！　　　　13

## PART 2 単語のタイピングにチャレンジしよう！　　21

## コウペンちゃんと仲間たちのしょうかい

こんにちは！
コウペンちゃん
だよ！

コウペンちゃん

邪（よこシマ）エナガさん

大人（おとな）のペンギンさん

アデリーさん

教（おし）えてくれるタイプの
シロクマさん

# 特典① タイピング練習サイト体験利用

**「タッチタイピング」とは、**

**キーボードを見ないでタイピングをすること。**

**タッチタイピングができるようになると、**

**文字を打つのが早く、より手軽になり、**

**英語の学習効果が飛躍的に高まります。**

本書をご購入の方限定で、
タッチタイピングの練習をしながら英単語200語を学べる
特設サイトをご利用いただけます。
ご利用の際は、下記のURLよりアクセスいただき、ログイン画面から
下記の特典コードを入力してログインしてください。
本書の特典では、以下のコンテンツが利用できます。

● 「指づかいの基本」全コンテンツ
● 「英語タイピング」一部コンテンツ


▼ 【アクティメソッドタイピング】ホームページ

**https://work.e-typing.ne.jp/actimethod_demo/**

**特典コード：actityping**

● 本サービスは予告なく終了する場合がございます。
　あらかじめご了承ください。
　本サービスはお使いのパソコンでご利用ください。

## 特典② 音声ダウンロード

この本をご購入いただいた方へのもう1つの特典として、

本書の内容を収録した音声を

無料でダウンロードいただけます。

パソコンなどにダウンロードし、

音声と合わせてタイピングの練習をすると、

リスニングや発音を同時に学ぶことができます。

下に記載されている注意事項をよくお読みになり、

ダウンロードページへお進みください。

▼ 音声データ（mp3）のダウンロードページのURL

https://www.kadokawa.co.jp/
product/322005000207/

【ユーザー名】typing-eigo
【パスワード】syogakusei

上記URLよりアクセスいただき、「ダウンロードはこちら」をクリックして、
ユーザー名とパスワードをご入力いただくと、ダウンロードができます。

●パソコンでのダウンロードをお勧めします。
　携帯電話・スマートフォン・タブレットからのダウンロードでは不具合が発生する可能性があります。
●音声はmp3形式で保存されています。ご利用になるには、mp3に対応した端末が必要です。
●ダウンロードページへアクセスできない場合は、お使いのブラウザが最新であるかどうかをご確認ください。
　また、十分な空き容量があるかをご確認ください。
●フォルダは圧縮されているので、解凍したうえでご利用ください。
●音声はパソコンでの再生を推奨します。一部ポータブルプレイヤーにデータを転送できない場合もございます。
●本サービスは予告なく終了する場合がございます。あらかじめご了承ください。

# PART

## 1

# 英語のタイピングを
# はじめよう!

まずは、キーボードのことを知ろう!
英語をタイピングするためのキーボードのつかい方や、
キーボードを打つ練習のしかたをしょうかいするよ。
キーボードを見ないで打てるようになれば、
きみもタッチタイピング・マスターだ!

まずは、キーボードのつかい方を
しょうかいするよ。

キーボードって、
打ってみるとどんな感じなのかな?
キーボードを打つ練習をするよ。

13

# 基本① 指のおき方

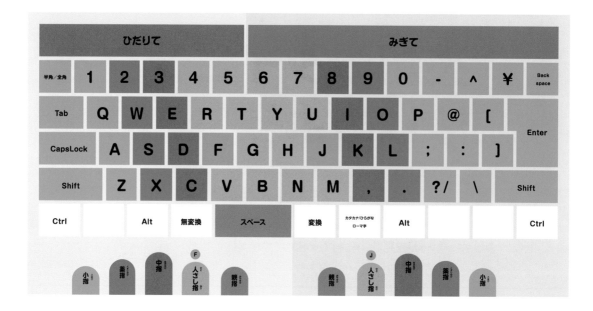

## キーボードをつかうときに
## おぼえていてほしいこと

上のキーボードの絵を見てみよう。文字を打つときは、
それぞれの文字とおなじ色の指をつかってタイピングをするよ。

- **いつも手は「ホームポジション」におく**
- **手を見ないで打つ**

この2つをまもって練習をすると、
英語がはやく打てるようになるよ！

# ホームポジションのつくり方

## 「ホームポジション」は、基本の指の位置のことだよ。

❶ 左手の人さし指を「F」
右手の人さし指を「J」におく。

❷ 中指から、左手「D、S、A」の順番
右手「K、L、;」の順番に指をおく。

❸ 親指は「スペース」におくと、
「ホームポジション」の完成だよ。

キーボードを打つときは、かならず
この「ホームポジション」の形をつくろう。
スペースは、どちらの親指で打ってもOKだよ。

---

キーボードに手をおくときは、指をすこしまげて、そっとおくよ。
ひじや手首に力をいれすぎないようにしてね。

文字を打ったら、すぐにホームポジションにもどそう。
キーボードをさわるときは、
いつも指がホームポジションになるように気をつけよう。

「F」と「J」には「ポチッ」としたしるしがついているよ。
このしるしに人さし指をおくようにすると、
かんたんにホームポジションの形がつくれるよ。

# 基本② 「ホームポジション」に手をおく

1. ff jj ff jj fjfj fjfj
2. dd kk dd kk dkdk dkdk
3. aa ss aa ss asas asas
4. gg hh gg hh ghgh ghgh
5. ss ll ss ll slsl slsl
6. rr uu rr uu ruru ruru
7. tt yy tt yy tyty tyty
8. ee ii ee ii eiei eiei
9. ww oo ww oo wowo wowo

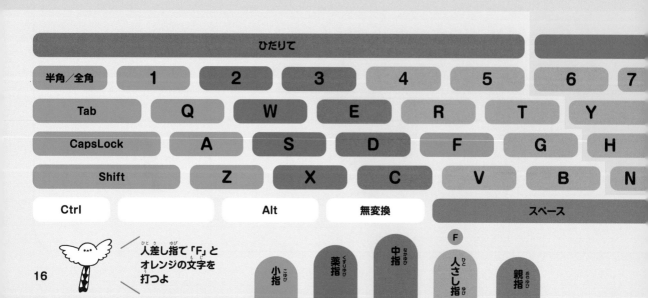

ひだりて

| 半角／全角 | 1 | 2 | 3 | 4 | 5 | 6 | 7 |
| Tab | Q | W | E | R | T | Y |
| CapsLock | A | S | D | F | G | H |
| Shift | Z | X | C | V | B | N |
| Ctrl | | Alt | 無変換 | スペース | | |

人差し指で「F」と
オレンジの文字を
打つよ

小指　薬指　中指　人さし指　親指

キーボードをつかうときは、文字によってつかう指が決まっているよ。
下の絵を見ながら、文字とおなじ指をつかって ❶ ～ ❽ まで打ってみよう。

**⑩** qq pp qq pp qpqp qpqp

**⑪** vv mm vv mm vmvm vmvm

**⑫** cc dd cc dd cdcd cdcd

**⑬** xx ss xx ss xsxs xsxs

**⑭** zz aa zz aa zaza zaza

**⑮** bb nn bb nn bnbn bnbn

**⑯** nn mm nn mm nmnm nmnm

**⑰** asdfg hjkl qwert yuiop zxcvb nm

**⑱** abcd efgh ijkl mnop qrst uvw xyz

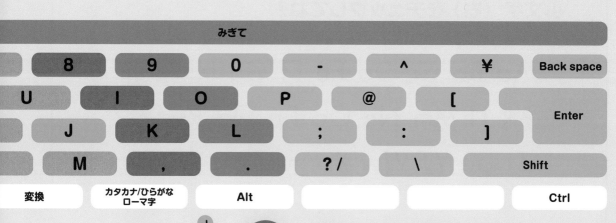

みぎて

指の色とちがう
文字を打たないように
気をつけよう

# 大文字・小文字をおぼえよう

アルファベットには大文字と小文字があるよ。

ほとんどのキーボードには大文字が書いてあるけど、

英語を書くときにつかうのはほとんどが小文字なんだ。

だから、タイピングで文章を書くために、小文字も

おぼえよう！

下の英語の文章で、

線が引いてあるのが「大文字」だよ！

> <u>W</u>hat is your name?
> （あなたのお名前は？）

下の表で、アルファベットの大文字（左）と

小文字（右）をチェックしてね！

<u>A</u>a <u>B</u>b <u>C</u>c <u>D</u>d <u>E</u>e <u>F</u>f <u>G</u>g <u>H</u>h <u>I</u>i <u>J</u>j

<u>K</u>k <u>L</u>l <u>M</u>m <u>N</u>n <u>O</u>o <u>P</u>p <u>Q</u>q <u>R</u>r <u>S</u>s

<u>T</u>t <u>U</u>u <u>V</u>v <u>W</u>w <u>X</u>x <u>Y</u>y <u>Z</u>z

# アルファベットの打ち方

## ❶ 小文字の打ち方

手元を見ないで、そのまま文字を打ってみよう。
手はいつもホームポジションにおいてね。

## ❷ 大文字の打ち方

小指で 「Shift」 を押しながら、文字を打つと大文字になるよ。
「Shift」 を押すときは、文字を打っていない方の手をつかうよ。
たとえば「F」を打つときは、右手の小指で「Shift」を押しながら、左手の人さし指で「F」を押すよ。

## 練習

ABCD EFGH IJKL MNOP QRST UVWX YZ

ゆっくりで
いいんだよ～

## 2

# 単語のタイピングに チャレンジしよう!

タイピングの指づかいには、もう慣れたかな?
ここからは、本格的に英語をタイピングしていくよ。
この本をパソコンの横に開いて、音声を聞きながら練習してね。
何度もくりかえして練習しよう!

まず日本語を見て、
意味を確認しよう。

意味を確認したら、
英語をタイピングしよう。

音声を聞いてタイピングしよう!
「日本語あり」と「英語のみ」の
音声があるよ。

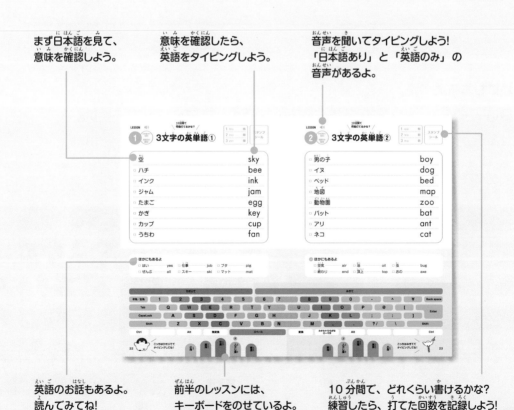

英語のお話もあるよ。
読んでみてね!

前半のレッスンには、
キーボードをのせているよ。
指のつかい方に注意して
タイピングをしてね!

10分間で、どれくらい書けるかな?
練習したら、打てた回数を記録しよう!
全部覚えられたら、お気に入りのシールをはろう。

10分間で
何個打てるかな？

# 3文字の英単語①

| | |
|---|---|
| □ 空<sub>そら</sub> | sky |
| □ ハチ | bee |
| □ インク | ink |
| □ ジャム | jam |
| □ たまご | egg |
| □ かぎ | key |
| □ カップ | cup |
| □ うちわ | fan |

### … ほかにもあるよ

| □ はい | yes | □ 仕事 | job | □ ブタ | pig |
|---|---|---|---|---|---|
| □ ぜんぶ | all | □ スキー | ski | □ マット | mat |

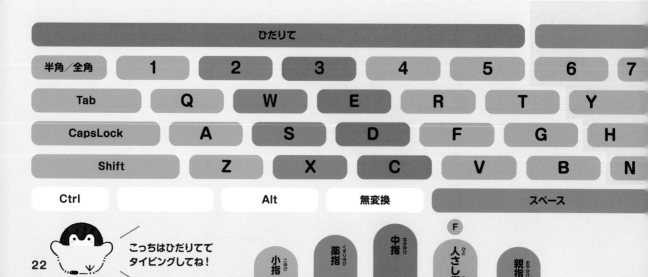

ひだりて

半角／全角　1　2　3　4　5　6　7

Tab　Q　W　E　R　T　Y

CapsLock　A　S　D　F　G　H

Shift　Z　X　C　V　B　N

Ctrl　Alt　無変換　スペース

こっちはひだりてて
タイピングしてね！

小指　薬指　中指　人さし指　親指

2

10分間で
何個打てるかな？

# 3文字の英単語②

1 回目　　個
2 回目　　個
3 回目　　個

スタンプ
シール

| | |
|---|---|
| □ 男の子 | boy |
| □ イヌ | dog |
| □ ベッド | bed |
| □ 地図 | map |
| □ 動物園 | zoo |
| □ バット | bat |
| □ アリ | ant |
| □ ネコ | cat |

💬 ほかにもあるよ

□ 空気 ……… air　　□ 油 ……… oil　　□ 虫 ……… bug

□ 終わり ……… end　　□ 頂上 ……… top　　□ おの ……… axe

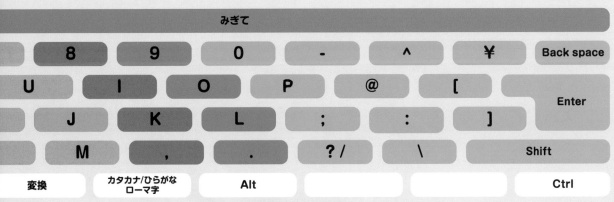

みぎて

| 8 | 9 | 0 | - | ^ | ¥ | Back space |
| U | I | O | P | @ | [ | |
| J | K | L | ; | : | ] | Enter |
| M | , | . | ? / | \ | | Shift |

変換　カタカナ/ひらがな ローマ字　Alt　Ctrl

親指　人さし指　中指　薬指　小指

こっちはみぎてて
タイピングしてね！

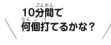

# 4文字の英単語

| | |
|---|---|
| ☐ 女の子 | girl |
| ☐ 公園 | park |
| ☐ 机 | desk |
| ☐ 食べ物 | food |
| ☐ ドア | door |
| ☐ 雨 | rain |
| ☐ 雪 | snow |
| ☐ 時間 | time |

**ほかにもあるよ**

☐ ヒーロー …… hero  ☐ 王さま …… king  ☐ よい …… nice
☐ テント …… tent  ☐ 銀行 …… bank  ☐ カード …… card

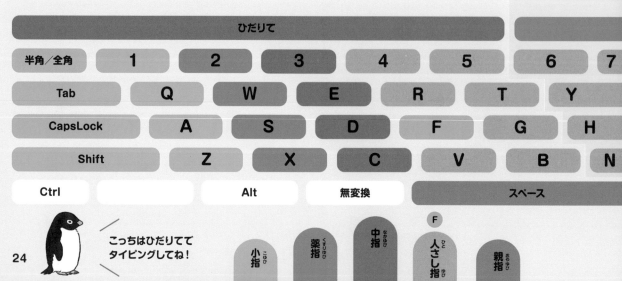

こっちはひだりてで
タイピングしてね！

1 回目 ⬜ 個
2 回目 ⬜ 個
3 回目 ⬜ 個

スタンプ
シール

| ⬜ キツネ | fox |
| ⬜ ウシ | cow |
| ⬜ クマ | bear |
| ⬜ 鳥 | bird |
| ⬜ ライオン | lion |
| ⬜ ウマ | horse |
| ⬜ コアラ | koala |
| ⬜ ペンギン | penguin |

💬 ほかにもあるよ

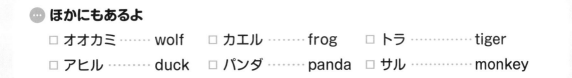

⬜ オオカミ ……… wolf　　⬜ カエル ……… frog　　⬜ トラ ……… tiger
⬜ アヒル ……… duck　　⬜ パンダ ……… panda　　⬜ サル ……… monkey

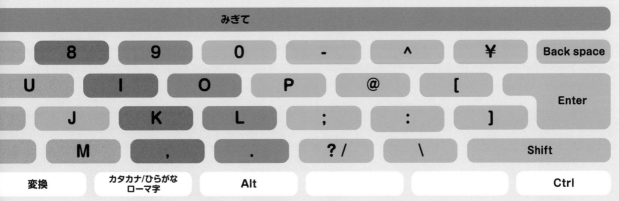

みぎて

| 8 | 9 | 0 | - | ^ | ¥ | Back space |
| U | I | O | P | @ | [ | Enter |
| J | K | L | ; | : | ] | |
| M | , | . | ? / | \ | Shift | |

変換　カタカナ/ひらがな ローマ字　Alt　Ctrl

親指

人さし指

中指

薬指

小指

こっちはみぎてで
タイピングしてね！

25

| 1 回目 | 個 | スタンプ |
| 2 回目 | 個 | シール |
| 3 回目 | 個 | |

**5** 日本語あり 009　英語のみ 010

# からだ

| □ からだ | body |
| □ あし | leg |
| □ 耳 (みみ) | ear |
| □ 目 (め) | eye |
| □ うで | arm |
| □ 頭 (あたま) | head |
| □ 首 (くび) | neck |
| □ かみの毛 (け) | hair |

## ･･･ ほかにもあるよ

| □ 顔 (かお) ･･･ face | □ 口 (くち) ･･･ mouth | □ 手 (て) ･･･ hand | □ かた ･･･ shoulder |
| □ あご ･･･ chin | □ ほっぺ ･･･ cheek | □ ひざ ･･･ knee | □ ひじ ･･･ elbow |

ひだりて

| 半角／全角 | 1 | 2 | 3 | 4 | 5 | 6 | 7 |
| Tab | Q | W | E | R | T | Y |
| CapsLock | A | S | D | F | G | H |
| Shift | Z | X | C | V | B | N |
| Ctrl | | Alt | 無変換 | スペース |

F

こっちはひだりてで
タイピングしてね！

小指 (こゆび)　薬指 (くすりゆび)　中指 (なかゆび)　人さし指 (ひとさしゆび)　親指 (おやゆび)

10分間で
何個打てるかな？

# くだもの、やさい

スタンプ
シール

| □ りんご | apple |
| □ バナナ | banana |
| □ ぶどう | grape |
| □ もも | peach |
| □ みかん | orange |
| □ とうもろこし | corn |
| □ じゃがいも | potato |
| □ トマト | tomato |

**⋯ ほかにもあるよ**

□ いちご ⋯⋯ strawberry　□ メロン ⋯⋯ melon　□ レモン ⋯⋯ lemon
□ にんじん ⋯ carrot　　　□ かぼちゃ ⋯⋯ pumpkin　□ きゅうり ⋯ cucumber

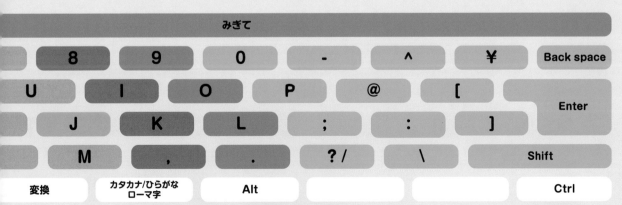

こっちはみぎてで
タイピングしてね！

# 7 文房具

日本語あり 013
英語のみ 014

| 1 回目 | 個 |
| 2 回目 | 個 |
| 3 回目 | 個 |

スタンプ
シール

| | |
|---|---|
| ☐ ペン | pen |
| ☐ 紙 | paper |
| ☐ 定規 | ruler |
| ☐ えんぴつ | pencil |
| ☐ けしゴム | eraser |
| ☐ マーカー | marker |
| ☐ ノート | notebook |
| ☐ 文房具 | stationery |

## 💬 ほかにもあるよ

| ☐ はさみ …… scissors | ☐ のり ……… glue | ☐ ホチキス ……… stapler |
|---|---|---|
| ☐ ふうとう … envelope | ☐ ファイル … file | ☐ コンパス ……… compass |

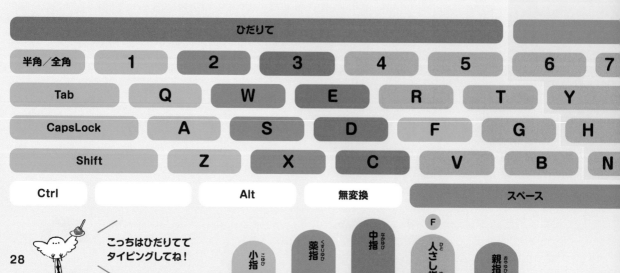

こっちはひだりてて
タイピングしてね！

LESSON

8
日本語あり 015
英語のみ 016

 10分間で
何個打てるかな？

自然（しぜん）

1 回目 　　個
2 回目 　　個
3 回目 　　個

スタンプ
シール

| | |
|---|---|
| ☐ 海（うみ） | sea |
| ☐ 太陽（たいよう） | sun |
| ☐ 月（つき） | moon |
| ☐ 星（ほし） | star |
| ☐ 川（かわ） | river |
| ☐ 花（はな） | flower |
| ☐ 森（もり） | forest |
| ☐ 山（やま） | mountain |

**··· ほかにもあるよ**

☐ 池（いけ） ········· pond ☐ 芝生（しばふ） ····· grass ☐ 虹（にじ） ············· rainbow
☐ 島（しま） ········· island ☐ 丘（おか） ··· hill ☐ 畑（はたけ） ········· field

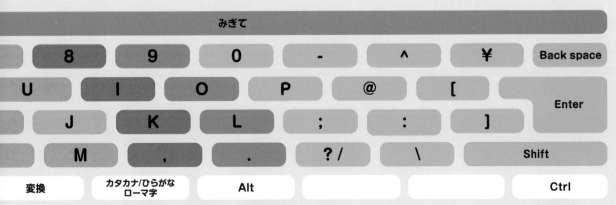

親指（おやゆび） 人さし指（ひとさしゆび） 中指（なかゆび） 薬指（くすりゆび） 小指（こゆび）

こっちはみぎてて
タイピングしてね！

29

# 家の中

| □ 部屋 | room |
|---|---|
| □ テレビ | TV |
| □ テーブル | table |
| □ かがみ | mirror |
| □ まど | window |
| □ キッチン | kitchen |
| □ バスルーム | bathroom |
| □ 新聞 | newspaper |

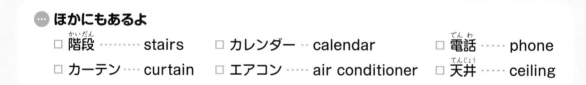

**… ほかにもあるよ**

- □ 階段 ……… stairs
- □ カーテン … curtain
- □ カレンダー ‥ calendar
- □ エアコン …… air conditioner
- □ 電話 …… phone
- □ 天井 …… ceiling

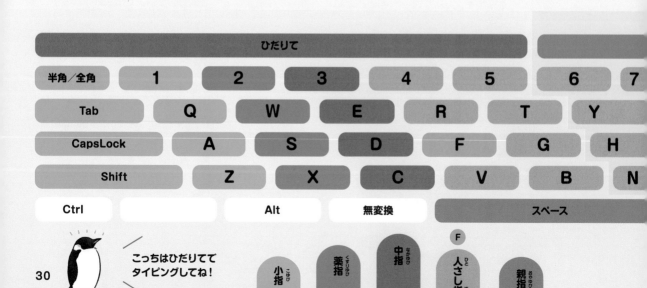

ひだりて

半角／全角　1　2　3　4　5　6　7

Tab　Q　W　E　R　T　Y

CapsLock　A　S　D　F　G　H

Shift　Z　X　C　V　B　N

Ctrl　　　Alt　無変換　スペース

こっちはひだりてて
タイピングしてね!

小指　薬指　中指　人さし指　親指

日本語あり 019
英語のみ 020

# 自分の部屋の中

| 1 回目 | 個 |
| 2 回目 | 個 |
| 3 回目 | 個 |

スタンプ
シール

| ☐ おもちゃ | toy |
| ☐ 本 | book |
| ☐ ゲーム | game |
| ☐ いす | chair |
| ☐ 時計 | clock |
| ☐ カメラ | camera |
| ☐ コンピューター | computer |
| ☐ マンガ | comic book |

💬 ほかにもあるよ

| ☐ ポスター … poster | ☐ カーペット … carpet | ☐ ラジオ … radio |
| ☐ かべ … wall | ☐ ライト … light | ☐ CD プレイヤー … CD player |

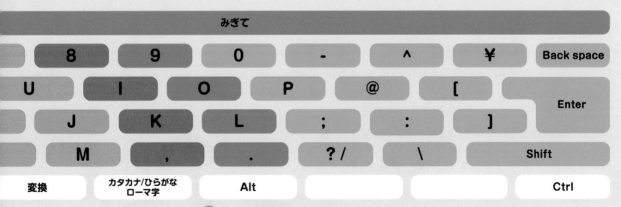

こっちはみぎてて
タイピングしてね！

31

10分間で
何個打てるかな？

日本語あり
021
英語のみ
022

# のりもの

| 1 回目 | 個 |
|---|---|
| 2 回目 | 個 |
| 3 回目 | 個 |

スタンプ
シール

| ☐ バス | bus |
|---|---|
| ☐ 車 (くるま) | car |
| ☐ タクシー | taxi |
| ☐ 船 (ふね) | ship |
| ☐ 電車 (でんしゃ) | train |
| ☐ 自転車 (じてんしゃ) | bicycle |
| ☐ 飛行機 (ひこうき) | airplane |
| ☐ オートバイ | motorcycle |

---

**❗ TIPS 英語のまめ知識 (えいご ちしき)**
同じ (おな) ものでも、いろいろないい方 (かた) をすることがあるよ。

☐ 飛行機 (ひこうき) ……… plane、airplane
☐ 自転車 (じてんしゃ) ……… bicycle、bike

単語 (たんご) はちがっていても、同じ (おな) 意味 (いみ) だよ。

いっしょに行こう〜！

# 食べ物

| | |
|---|---|
| □ ごはん | rice |
| □ パン | bread |
| □ スープ | soup |
| □ サラダ | salad |
| □ ピザ | pizza |
| □ ステーキ | steak |
| □ 魚 | fish |
| □ ハンバーガー | hamburger |

💬 ほかにもあるよ

| □ サンドイッチ | sandwich | □ みそしる | miso soup |
|---|---|---|---|
| □ チャーハン | fried rice | □ ソーセージ | sausage |
| □ おにぎり | rice ball | □ シチュー | stew |
| □ カレーライス | curry and rice | □ とりのからあげ | fried chicken |

# おやつ

| □ おやつ | snack |
| □ ケーキ | cake |
| □ ゼリー | jelly |
| □ キャンディ | candy |
| □ ヨーグルト | yogurt |
| □ クッキー | cookie |
| □ チョコレート | chocolate |
| □ アイスクリーム | ice cream |

💬 ほかにもあるよ

| □ ポップコーン ……… popcorn | □ ドーナツ ……… doughnut |
| □ プリン ……… pudding | □ かき氷 ……… shaved ice |
| □ パイ ……… pie | □ グミ ……… gummy candy |
| □ ポテトチップス …… potato chips | □ わたあめ ……… cotton candy |

14

日本語あり
027

英語のみ
028

# 飲み物、食事

| 1 回目 | 個 |
|---|---|
| 2 回目 | 個 |
| 3 回目 | 個 |

スタンプ
シール

| □ お茶、紅茶 | tea |
|---|---|
| □ 水 | water |
| □ コーヒー | coffee |
| □ ソーダ | soda |
| □ ジュース | juice |
| □ 朝ごはん | breakfast |
| □ 昼ごはん | lunch |
| □ 夕ごはん | dinner |

### ••• ほかにもあるよ

□ オレンジジュース ……… orange juice
□ りんごジュース………… apple juice
□ トマトジュース ………… tomato juice
□ レモネード……………… lemonade
□ タピオカティー ………… bubble tea

**15**

日本語あり 029
英語のみ 030

10分間て
何個打てるかな？

# 季節、天気
（きせつ、てんき）

| 1 回目 | 個 |
| --- | --- |
| 2 回目 | 個 |
| 3 回目 | 個 |

スタンプ
シール

□ 春（はる）　　　spring

□ 夏（なつ）　　　summer

□ 秋（あき）　　　fall

□ 冬（ふゆ）　　　winter

□ 晴れ（は）　　　sunny

□ くもり　　　cloudy

□ 雨（あめ）　　　rainy

□ 雪（ゆき）　　　snowy

---

❗ **TIPS　英語（えいご）のまめ知識（ちしき）**

天気（てんき）をあらわす単語（たんご）の中（なか）には、太陽（たいよう）、雲（くも）、雨（あめ）、雪（ゆき）がかくれているよ。

□ 晴れ（は）……… sunny → 太陽（たいよう）… sun

□ くもり … cloudy → 雲（くも）… cloud

□ 雨（あめ）……… rainy → 雨（あめ）… rain

□ 雪（ゆき）……… snowy → 雪（ゆき）… snow

あの雲　貴様に似ているな

ほんとだ！

LESSON

16

日本語あり
031

英語のみ
032

10分間で
何個打てるかな？

1 回目　　　　個
2 回目　　　　個
3 回目　　　　個

スタンプ
シール

# 学校①

| | |
|---|---|
| □ 友だち | friend |
| □ 学校 | school |
| □ 体育館 | gym |
| □ 生徒 | student |
| □ 先生 | teacher |
| □ ユニフォーム、制服 | uniform |
| □ 教室 | classroom |
| □ 校庭 | schoolyard |

## 💬 ほかにもあるよ

- □ 小学校 ……… elementary school
- □ 小学生 ……… elementary school student
- □ 中学校 ……… junior high school
- □ 中学生 ……… junior high school student

# 17 学校②

日本語あり 033
英語のみ 034

1 回目　　　個
2 回目　　　個
3 回目　　　個

スタンプ
シール

| | |
|---|---|
| □ クラブ | club |
| □ 子ども | child |
| □ 夢 | dream |
| □ 笑顔 | smile |
| □ 教科書 | textbook |
| □ 宿題 | homework |
| □ 通学かばん | school bag |
| □ 修学旅行 | school trip |

**⚠ TIPS　英語のまめ知識**

学校の名前の書き方
例
あさひ小学校

Asahi elementary school

名前の最初の1文字は大文字で書くよ。

悪戦苦闘中…

悪戦苦闘後…

zz…

LESSON 🔊 10分間で 何個打てるかな？

18 日本語あり 035 英語のみ 036

1 回目 ⬜ 個
2 回目 ⬜ 個
3 回目 ⬜ 個

スタンプ シール

# 教科

| □ 算数 | math |
| □ 理科 | science |
| □ 社会 | social studies |
| □ 図工 | arts and crafts |
| □ 音楽 | music |
| □ 体育 | P.E. |
| □ 国語（日本語） | Japanese |
| □ 英語 | English |

❗ **TIPS　英語のまめ知識**

長い単語は、短く書くことができるものもあるよ。

例

Physical Education　→　P.E.

短くするときは「.」（ピリオド）をつかうよ。

# 数字①

| 1 回目 | 個 |
| 2 回目 | 個 |
| 3 回目 | 個 |

スタンプ シール

□ 0　　　　　　　　　　　　zero

□ 1　　　　　　　　　　　　one

□ 2　　　　　　　　　　　　two

□ 3　　　　　　　　　　　　three

□ 4　　　　　　　　　　　　four

□ 5　　　　　　　　　　　　five

□ 6　　　　　　　　　　　　six

□ 7　　　　　　　　　　　　seven

## ● ほかにもあるよ

| □ 8 …… eight | □ 12 …… twelve | □ 16 …… sixteen |
| □ 9 …… nine | □ 13 …… thirteen | □ 17 …… seventeen |
| □ 10 …… ten | □ 14 …… fourteen | □ 18 …… eighteen |
| □ 11 …… eleven | □ 15 …… fifteen | □ 19 …… nineteen |

LESSON

20
日本語あり 039
英語のみ 040

10分間で
何個打てるかな？

# 数字②

1 回目 ___ 個
2 回目 ___ 個
3 回目 ___ 個

スタンプ
シール

| □ 20 | twenty |
| --- | --- |
| □ 30 | thirty |
| □ 40 | forty |
| □ 50 | fifty |
| □ 60 | sixty |
| □ 70 | seventy |
| □ 80 | eighty |
| □ 90 | ninety |

❗ **TIPS　英語のまめ知識**

13 から 19 には -teen がついているよ。
20 や 30 などの 10 ごとの数字には -ty がついているよ。

21 日本語あり 041 / 英語のみ 042　**家族**

| | 1 回目 | 個 |
| | 2 回目 | 個 |
| | 3 回目 | 個 |

スタンプ<br>シール

---

□ 家族 — family

□ お父さん — father

□ お母さん — mother

□ お兄ちゃん、弟 — brother

□ お姉ちゃん、妹 — sister

□ 赤ちゃん — baby

□ いとこ — cousin

□ ペット — pet

---

**❗ TIPS　英語のまめ知識**

お父さん、お母さんにはいろいろないい方があるよ。

□ お父さん ……… father、dad、daddy

□ お母さん ……… mother、mom、mommy

日本語でも、パパ、お父ちゃんなど、いろいろな呼び方があるよね。
英語で話すときは、兄弟、姉妹同士では、名前で呼び合うよ。

10分間で
何個打てるかな？

# スポーツ、楽器

| □ サッカー | soccer |
| □ テニス | tennis |
| □ 野球 | baseball |
| □ バスケットボール | basketball |
| □ ピアノ | piano |
| □ ギター | guitar |
| □ バイオリン | violin |
| □ リコーダー | recorder |

💬 ほかにもあるよ

| □ スイミング ……… swimming | □ ゴルフ ……… golf |
| □ ラグビー ……… rugby | □ ドッジボール …… dodgeball |
| □ トランペット …… trumpet | □ ドラム ……… drums |
| □ フルート ……… flute | □ 木きん ……… xylophone |

10分間で
何個打てるかな？

# 町の中

| | |
|---|---|
| □ 家（いえ） | house |
| □ 図書館（としょかん） | library |
| □ 病院（びょういん） | hospital |
| □ 駅（えき） | station |
| □ パン屋（や） | bakery |
| □ 本屋（ほんや） | bookstore |
| □ スーパーマーケット | supermarket |
| □ 郵便局（ゆうびんきょく） | post office |

💬 **ほかにもあるよ**

| □ ホテル | hotel | □ 薬局（やっきょく） | pharmacy |
|---|---|---|---|
| □ レストラン | restaurant | □ バス停（てい） | bus stop |
| □ ガソリンスタンド | gas station | □ 博物館（はくぶつかん） | museum |
| □ ショッピングモール | shopping mall | □ 空港（くうこう） | airport |

10分間で
何個打てるかな？

# 様子を表すことば①

| □ 新しい | new |
| □ 古い | old |
| □ すてきな | nice |
| □ 熱い、暑い | hot |
| □ 温かい、暖かい | warm |
| □ 寒い、つめたい | cold |
| □ 良い | good |
| □ 悪い | bad |

---

**❗ TIPS　英語のまめ知識**

1つの単語でちがう意味をもつ単語があるよ。

□ hot ……………… 熱い、からい
□ cold ……………… 寒い、風邪

LESSON 🔊

10分間で
何個打てるかな？

| 1 回目 | 個 |
| 2 回目 | 個 |
| 3 回目 | 個 |

スタンプ
シール

# 様子を表すことば②

日本語あり 049
英語のみ 050

| | |
|---|---|
| □ ハッピーな | happy |
| □ 悲しい | sad |
| □ かわいい | cute |
| □ 大きい | big |
| □ 小さい | small |
| □ 長い | long |
| □ 短い | short |
| □ 重い | heavy |

💬 **ほかにもあるよ**

| | | | |
|---|---|---|---|
| □ 軽い | light | □ やわらかい | soft |
| □ かたい | hard | □ むずかしい | difficult |
| □ 強い | strong | □ 弱い | weak |
| □ きれいな | beautiful | □ おいしい | delicious |

LESSON

10分間で
何個打てるかな？

| 1 回目 | 個 |
| 2 回目 | 個 |
| 3 回目 | 個 |

スタンプ
シール

# 26 様子を表すことば③

日本語あり 051
英語のみ 052

| □ あまい | sweet |
| □ 苦い | bitter |
| □ すっぱい | sour |
| □ からい | spicy |
| □ おもしろい | funny |
| □ かんたんな | easy |
| □ 右 | right |
| □ 左 | left |

**! TIPS　英語のまめ知識**

方向を教えてあげるときは turn（曲がる）をつかってみよう。

□ 右に曲がって ………… Turn right.
□ 左に曲がって ………… Turn left.

LESSON

10分間で
何個打てるかな？

27
日本語あり 053
英語のみ 054

1 回目 　　　 個
2 回目 　　　 個
3 回目 　　　 個

スタンプ
シール

# すること①

| | |
|---|---|
| □ 行<sup>い</sup>く | go |
| □ つかう | use |
| □ 洗<sup>あら</sup>う | wash |
| □ 歌<sup>うた</sup>う | sing |
| □ 歩<sup>ある</sup>く | walk |
| □ 書<sup>か</sup>く | write |
| □ 勉強<sup>べんきょう</sup>する | study |
| □ 見<sup>み</sup>る | watch |

---

**！ TIPS　英語<sup>えいご</sup>のまめ知識<sup>ちしき</sup>**

「見<sup>み</sup>る」にはいろいろないい方<sup>かた</sup>があるよ。

□ 自分<sup>じぶん</sup>から見<sup>み</sup>ようと思<sup>おも</sup>って見<sup>み</sup>るとき ………… look
□ 自然<sup>しぜん</sup>に目<sup>め</sup>に入<sup>はい</sup>ったとき ………………… see
□ 動<sup>うご</sup>いているものを見<sup>み</sup>るとき ……………… watch

10分間で
何個打てるかな？

## すること②

□ 食べる　　　　　　　　　　eat

□ 走る　　　　　　　　　　　run

□ 作る　　　　　　　　　　　make

□ 読む　　　　　　　　　　　read

□ 好き　　　　　　　　　　　like

□ 寝る　　　　　　　　　　　sleep

□ 飲む　　　　　　　　　　　drink

□ 聞く　　　　　　　　　　　listen

### ・・・ ほかにもあるよ

□ 楽しむ ……………… enjoy　　□ ジャンプする …… jump

□ 料理する ………… cook　　□ 知っている ……… know

□ 働く ……………… work　　□ 教える …………… teach

□ 開ける …………… open　　□ 閉める …………… close

10分間で
何個打てるかな？

曜日

| 1 回目 | 個 |
| 2 回目 | 個 |
| 3 回目 | 個 |

スタンプ
シール

| | |
|---|---|
| □ 日曜日 | Sunday |
| □ 月曜日 | Monday |
| □ 火曜日 | Tuesday |
| □ 水曜日 | Wednesday |
| □ 木曜日 | Thursday |
| □ 金曜日 | Friday |
| □ 土曜日 | Saturday |
| □ 週 | week |

**⚠ TIPS　英語のまめ知識**

曜日の最初の文字は、大文字で書くよ。

短く　Sun. Mon. Tue. Wed. Thu. Fri. Sat.

と書くときもあるよ。「.」（ピリオド）をつかって短く書いているね。

10分間で
何個打てるかな？

30 日本語あり 059 英語のみ 060

# あこがれの職業

1 回目 ⬜ 個
2 回目 ⬜ 個
3 回目 ⬜ 個

スタンプ
シール

| | |
|---|---|
| ☐ パン屋さん | baker |
| ☐ 花屋さん | florist |
| ☐ デザイナー | designer |
| ☐ ユーチューバー | YouTuber |
| ☐ 宇宙飛行士 | astronaut |
| ☐ ようち園の先生 | nursery teacher |
| ☐ ゲームクリエイター | game designer |
| ☐ 動物園の飼育員 | zookeeper |

💬 **ほかにもあるよ**

| | | | |
|---|---|---|---|
| ☐ 野球選手 ……… | baseball player | ☐ サッカー選手 …… | soccer player |
| ☐ 歌手 ……… | singer | ☐ 俳優 ………… | actor |
| ☐ 医者 ……… | doctor | ☐ 看護師 ………… | nurse |
| ☐ 大工 ……… | carpenter | ☐ 科学者 ………… | scientist |

おつかれ
さまです!

# PART

# フレーズのタイピング
# にチャレンジしよう！

今度は、2つ以上の単語を組み合わせてつかう「フレーズ」の練習をするよ。

ちょっとむずかしくなってきた？

大丈夫。ここまで練習できたきみなら、ぜったい全部おぼえられるよ！

英語の音声をまねして、音読しながらタイピングしてね！

2つ以上の単語をつかった言葉を
「フレーズ」というよ。

英語のつかい方のお話を
たくさん書いているよ。

10分間で
何個打てるかな？

# 1つのとき①

| □ 本（ほん） | a book |
|---|---|
| □ カップ | a cup |
| □ かばん | a bag |
| □ 自転車（じてんしゃ） | a bicycle |
| □ たまご | an egg |
| □ りんご | an apple |
| □ みかん | an orange |
| □ たまねぎ | an onion |

✓ 英語（えいご）のルール

1つのものをあらわすとき

「a、i、u、e、o」から始（はじ）まることばには「an」がつくよ。
それ以外（いがい）は「a」がつくよ。

□ みかん1こ ……… <u>an</u> orange

□ かばん1つ ……… <u>a</u> bag

日本語あり 063
英語のみ 064

10分間で
何個打てるかな？

# 2つより多いとき①

| 1 回目 | 個 |
| 2 回目 | 個 |
| 3 回目 | 個 |

スタンプ
シール

| □ 本 | books |
| □ カップ | cups |
| □ かばん | bags |
| □ 自転車 | bicycles |
| □ たまご | eggs |
| □ りんご | apples |
| □ みかん | oranges |
| □ たまねぎ | onions |

✓ **英語のルール**

2つより多いときは「s」をつけるよ。

えんぴつ
- □ 1本 ……… a pencil
- □ 2本 ……… two pencils
- □ 30本 ……… thirty pencils
- □ 1000本 ……… one thousand pencils

なるほどなぁ

LESSON

3
日本語あり
065
英語のみ
066

10分間で
何個打てるかな？

1 回目　　　　個
2 回目　　　　個
3 回目　　　　個

スタンプ
シール

# 1つのとき②

| | |
|---|---|
| □ 赤い車 | a red car |
| □ 青い鳥 | a blue bird |
| □ 白いウサギ | a white rabbit |
| □ 黒いイヌ | a black dog |
| □ かわいいネコ | a cute cat |
| □ 大きいかばん | a big bag |
| □ 親切な女の人 | a kind woman |
| □ 美しい花 | a beautiful flower |

## 💬 ほかにもあるよ

| | | | |
|---|---|---|---|
| □ 色 | color | □ 緑 | green |
| □ ピンク | pink | □ 黄色 | yellow |
| □ むらさき | purple | □ 茶色 | brown |
| □ 金色 | gold | □ 銀色 | silver |

LESSON

4
日本語あり
067
英語のみ
068

10分間で
何個打てるかな？

1 回目 ＿＿ 個
2 回目 ＿＿ 個
3 回目 ＿＿ 個

スタンプ
シール

# 2つより多いとき②

| | |
|---|---|
| □ 赤い車 | red cars |
| □ 青い鳥 | blue birds |
| □ 白いウサギ | white rabbits |
| □ 黒いイヌ | black dogs |
| □ かわいいネコ | cute cats |
| □ 大きいかばん | big bags |
| □ 親切な女の人 | kind women |
| □ 美しい花 | beautiful flowers |

**! TIPS　英語のまめ知識**

2つより多いときに、単語がかわるものがあるよ。
□ 男の人 ……… 1人　a man　　　2人より多い　men
□ 女の人 ……… 1人　a woman　　2人より多い　women

LESSON

10分間で
何個打てるかな？

| 1 回目 | 個 |
| 2 回目 | 個 |
| 3 回目 | 個 |

スタンプ
シール

5

日本語あり
069
英語のみ
070

# 反対のことば①

| つめたい水 | cold water |
| 熱い水 | hot water |
| 新しいカメラ | new camera |
| 古いカメラ | old camera |
| 大きい家 | big house |
| 小さい家 | small house |
| 長いえんぴつ | long pencil |
| 短いえんぴつ | short pencil |

---

## ❗ TIPS　英語のまめ知識

２つより多いとき、単語がかわるものがあるよ。

□ 歯 ………… 1本　　a tooth　　2本より多い　　teeth
□ 葉っぱ ……… 1まい　a leaf　　2まいより多い　leaves

LESSON

6
日本語あり 071
英語のみ 072

| 1 回目 | 個 |
| 2 回目 | 個 |
| 3 回目 | 個 |

スタンプ
シール

10分間で
何個打てるかな?

# 反対のことば②

- ☐ きれいな部屋　　　clean room
- ☐ きたない部屋　　　dirty room
- ☐ ハッピーなお話　　happy story
- ☐ かなしいお話　　　sad story
- ☐ 年をとった男の人　old man
- ☐ 若い男の人　　　　young man
- ☐ 良いニュース　　　good news
- ☐ 悪いニュース　　　bad news

---

**! TIPS　英語のまめ知識**

たくさんあってもおなじいい方の単語もあるよ。
- ☐ 魚が1ぴき ………… a fish
- ☐ 魚が2ひき ………… two fish
- ☐ 魚が100ぴき …… a hundred fish

魚はたくさんいても fish のままなんだ。ふしぎだね。

まだかな〜

LESSON

10分間で
何個打てるかな？

7
日本語あり 073
英語のみ 074

| | | |
|---|---|---|
| 1 回目 | | 個 |
| 2 回目 | | 個 |
| 3 回目 | | 個 |

スタンプ
シール

# だれのもの①

| | |
|---|---|
| □ わたしのかばん | my bag |
| □ ぼくのペン | my pen |
| □ わたしのお母さん | my mother |
| □ ぼくの妹 | my sister |
| □ あなたの机 | your desk |
| □ きみの学校 | your school |
| □ あなたの弟 | your brother |
| □ きみのお父さん | your father |

⭐ やってみよう！

英語もタイピングもじょうずになるタイムトライアル！

1. my をつかって自分の身の回りのものを5つ書き出してみよう。

2. ストップウォッチで、その5つをタイピングするのに何秒かかるか計ってみよう。

3. 何度も練習してスピードアップを目指そう。

声に出して言いながらやってみると、さらにパワーアップできるよ！

LESSON

日本語あり 075
英語のみ 076

10分間で
何個打てるかな？

# だれのもの②

1 回目 　個
2 回目 　個
3 回目 　個

スタンプ
シール

| | |
|---|---|
| □ 彼のぼうし | his cap |
| □ 彼のジャケット | his jacket |
| □ 彼の家 | his house |
| □ 彼のネクタイ | his tie |
| □ 彼女のくつ | her shoes |
| □ 彼女の本 | her book |
| □ 彼女のえんぴつ | her pencil |
| □ 彼女のうで時計 | her watch |

**！TIPS　英語のまめ知識**

２つのもの、人をしょうかいするときは and をつかおう！
□ ぼくのお兄ちゃんとお姉ちゃん
………… my brother and sister
□ わたしのぼうしとかばん
………… my cap and bag

61

10分間で
何個打てるかな？

日本語あり 077
英語のみ 078

# 場所

| 1 回目 | 個 |
|---|---|
| 2 回目 | 個 |
| 3 回目 | 個 |

スタンプ
シール

| | |
|---|---|
| □ 家で | at home |
| □ 学校で | at school |
| □ 公園で | at the park |
| □ 図書館で | at the library |
| □ ぼくの部屋で | in my room |
| □ わたしの教室で | in my classroom |
| □ 車の中で | in the car |
| □ 日本で | in Japan |

のんびり～

# 10 いつ、とき

日本語あり 079
英語のみ 080

| | |
|---|---|
| 1 回目 | 個 |
| 2 回目 | 個 |
| 3 回目 | 個 |

スタンプ
シール

| | |
|---|---|
| □ 朝に | in the morning |
| □ 午後に | in the afternoon |
| □ 夕方に | in the evening |
| □ 夜に | at night |
| □ 月曜日に | on Monday |
| □ 週末に | on the weekend |
| □ 夕ごはんの前に | before dinner |
| □ 放課後 | after school |

---

**❗ TIPS　英語のまめ知識**

何月に、何年に、というときには、「in」をつかうよ。
□ 1月に ………………… in January
□ 2020年に ……… in 2020

# 位置（いち）

| | |
|---|---|
| □ 箱（はこ）の中（なか）に | in the box |
| □ ソファの上（うえ）に | on the sofa |
| □ かべに | on the wall |
| □ 机（つくえ）の下（した）に | under the desk |
| □ ドアのそばに | by the door |
| □ 学校（がっこう）のとなりに | next to school |
| □ わたしの家（いえ）のちかくに | near my house |
| □ あそこに | over there |

---

**❗ TIPS　英語（えいご）のまめ知識（ちしき）**

くっつきたがりの「on」

「on」の意味（いみ）は「上（うえ）」にというだけでなく、「そのものにくっついている」とき
にもつかうよ。
「on the wall」は、上（うえ）ではないけれど、かべにくっついている状態（じょうたい）だよ。

# 12 量のあらわし方

| | |
|---|---|
| ☐ たくさんの本 | many books |
| ☐ たくさんの本 | a lot of books |
| ☐ お茶1ぱい | a cup of tea |
| ☐ お茶2はい | two cups of tea |
| ☐ 牛乳1ぱい | a glass of milk |
| ☐ 牛乳3ばい | three glasses of milk |
| ☐ くつ1足 | a pair of shoes |
| ☐ くつ4足 | four pairs of shoes |

## ❗ TIPS 英語のまめ知識

### おもしろい数え方

レタスは、a head of lettuce と数えるよ。
レタスが頭の形ににているからなんだって。
キャベツ（cabbage）もおなじように数えるよ。

13

日本語あり
085

英語のみ
086

# すること③

| □ ごはんを食べる | eat rice |
| □ アイスクリームを食べる | eat ice cream |
| □ テレビを見る | watch TV |
| □ 映画を見る | watch a movie |
| □ 音楽を聞く | listen to music |
| □ 学校へ行く | go to school |
| □ 買い物に行く | go shopping |
| □ 寝る | go to bed |

💬 **ほかにもあるよ**

| □ 朝ごはんを食べる | ………… | eat breakfast |
| □ サッカーの試合を見る | ……… | watch a soccer game |
| □ お皿を洗う | ……………… | wash the dishes |
| □ 家に帰る | ……………… | go home |

10分間で
何個打てるかな？

## 14 する こと④

日本語あり 087
英語のみ 088

| □ サッカーをする | play soccer |
| □ テニスをする | play tennis |
| □ ピアノをひく | play the piano |
| □ ギターをひく | play the guitar |
| □ イヌをかっている | have a dog |
| □ かぜをひく | have a cold |
| □ 手紙を書く | write a letter |
| □ eメールを書く | write an email |

---

**❗ TIPS　英語のまめ知識**

email は「a、i、u、e、o」の中の「e」で始まって
いるから、an がつくんだよ。

write a letter
write an email

**15**

日本語あり
089

英語のみ
090

## すること⑤

| 1 回目 | 個 |
| 2 回目 | 個 |
| 3 回目 | 個 |

スタンプ
シール

---

□ 算数の勉強をする　　study math

□ 英語の勉強をする　　study English

□ バナナが好き　　like bananas

□ 動物が好き　　like animals

□ 東京に住んでいる　　live in Tokyo

□ 大阪に住んでいる　　live in Osaka

□ カナダから来る　　come from Canada

□ 京都から来る　　come from Kyoto

---

💬 **ほかにもあるよ**

人の名前、町の名前、国の名前は大文字から書くんだよ。

| □ たかし | ………… | Takashi | □ はなこ | ………… | Hanako |
| □ 名古屋 | ………… | Nagoya | □ 横浜 | ………… | Yokohama |
| □ フランス | ………… | France | □ 韓国 | ………… | Korea |

＊自分の名前をタイピングしてみよう。

# すること⑥

| ☐ 牛乳を飲む | drink milk |
| ☐ 水を飲む | drink water |
| ☐ 本を買う | buy a book |
| ☐ プレゼントを買う | buy a present |
| ☐ りんごを切る | cut an apple |
| ☐ トマトを切る | cut a tomato |
| ☐ 新しいおもちゃがほしい | want a new toy |
| ☐ 新しい自転車がほしい | want a new bicycle |

アイス
たべたいなぁ

LESSON

10分間で
何個打てるかな？

17
日本語あり 093
英語のみ 094

1 回目　　　個
2 回目　　　個
3 回目　　　個

スタンプ
シール

# すること⑦

| | |
|---|---|
| □ 本を読む | read a book |
| □ ぼうしをかぶる | put on a cap |
| □ ジャケットを着る | put on a jacket |
| □ ケーキを作る | make a cake |
| □ 歌を歌う | sing a song |
| □ 風呂に入る | take a bath |
| □ 写真をとる | take a picture |
| □ 絵をかく | draw a picture |

> **! TIPS　英語のまめ知識**
>
> 1つの単語でちがう意味をもつ単語があるよ。
>
> □ picture ………… 絵、写真
> □ watch ………… うで時計、見る

LESSON

10分間で
何個打てるかな？

1 回目 ⬚ 個
2 回目 ⬚ 個
3 回目 ⬚ 個

スタンプ
シール

# 18 すること⑧

日本語あり 095
英語のみ 096

| | |
|---|---|
| ☐ 歯<ruby>歯<rt>は</rt></ruby>をみがく | brush my teeth |
| ☐ 手<ruby>手<rt>て</rt></ruby>をあらう | wash my hands |
| ☐ 部屋<ruby>部屋<rt>へや</rt></ruby>のそうじをする | clean my room |
| ☐ 宿題<ruby>宿題<rt>しゅくだい</rt></ruby>をする | do my homework |
| ☐ お母<ruby>母<rt>かあ</rt></ruby>さんをてつだう | help my mother |
| ☐ 自転車<ruby>自転車<rt>じてんしゃ</rt></ruby>にのる | ride my bicycle |
| ☐ 名前<ruby>名前<rt>なまえ</rt></ruby>を書<ruby>書<rt>か</rt></ruby>く | write my name |
| ☐ コンピューターをつかう | use my computer |

---

**❗ TIPS　英語<ruby>英語<rt>えいご</rt></ruby>のまめ知識<ruby>知識<rt>ちしき</rt></ruby>**

だれかに名前<ruby>名前<rt>なまえ</rt></ruby>を書<ruby>書<rt>か</rt></ruby>いてもらうときに、「please」をつけると
ていねいないい方<ruby>方<rt>かた</rt></ruby>になるよ。
例<ruby>例<rt>れい</rt></ruby>
あなたの名前<ruby>名前<rt>なまえ</rt></ruby>を書<ruby>書<rt>か</rt></ruby>いてください。
Please write your name.

きれいになって
うれしい！

LESSON 🔊

19
日本語あり 097
英語のみ 098

10分間で
何個打てるかな？

1 回目 　　個
2 回目 　　個
3 回目 　　個

スタンプ
シール

# 聞いてみよう①

| □ なに | What |
|---|---|
| □ だれ | Who |
| □ いつ | When |
| □ どこ | Where |
| □ だれの | Whose |
| □ どれ | Which |
| □ どんなふうに | How |
| □ どうして | Why |

⭐ **やってみよう！**

**タイムトライアルにチャレンジしてみよう！**

1. ストップウォッチを用意する。
2. 各ページの８つの単語またはフレーズをタイピングし、時間を計る。
3. かかった時間を記録する。何度も練習してスピードアップを目指そう！

# 聞いてみよう②

日本語あり 099
英語のみ 100

1 回目　　　　個
2 回目　　　　個
3 回目　　　　個

スタンプ
シール

| | |
|---|---|
| ☐ 何時 | What time |
| ☐ 何色 | What color |
| ☐ だれの机 | Whose desk |
| ☐ だれの車 | Whose car |
| ☐ いくら | How much |
| ☐ 何冊の本 | How many books |
| ☐ どのマンガ | Which comic book |
| ☐ どっちが好き | Which do you like |

## ✅ タイピングのおやくそく

だれかに何かをたずねるときは、
文の最後に「？」（クエスチョンマーク）をつけるよ。
例
何色が好きですか。

What color do you like?

# 12か月のあらわし方

| | | |
|---|---|---|
| ☐ 1月 | January | Jan. |
| ☐ 2月 | February | Feb. |
| ☐ 3月 | March | Mar. |
| ☐ 4月 | April | Apr. |
| ☐ 5月 | May | May |
| ☐ 6月 | June | Jun. |
| ☐ 7月 | July | Jul. |
| ☐ 8月 | August | Aug. |
| ☐ 9月 | September | Sep. |
| ☐ 10月 | October | Oct. |
| ☐ 11月 | November | Nov. |
| ☐ 12月 | December | Dec. |

それぞれの月の名前は長いから、

ピリオドをつけて短く書くことができるよ。

家の中にあるカレンダーは、どんな風に書かれているかな?

# PART

## 4

# 文のタイピングに
# チャレンジしよう！

ここまでの単語やフレーズで指を慣らしたら、
今度は文を練習してみよう！　練習のしかたは、これまでとまったく同じだよ。
日本語の意味をしっかりと確認しながら、英語の音を聞いてみよう。
何度もタイピングすると、だんだん英語の文に慣れてくるよ。

みんながよくつかう文章を
練習するよ！

LESSON 1　わたしは、ぼくは①

| ・ぼくは生徒です。 | I am a student. |
| ・わたしは先生です。 | I am a teacher. |
| ・ぼくは歌手です。 | I am a singer. |
| ・わたしはピアニストです。 | I am a pianist. |
| ・ぼくは生徒ではありません。 | I am not a student. |
| ・わたしは先生ではありません。 | I am not a teacher. |
| ・ぼくは歌手ではありません。 | I am not a singer. |
| ・わたしはピアニストではありません。 | I am not a pianist. |

TIPS 英語のまめ知識

「not」は、「じゃないよ」というときにつかうよ。
これからいろいろな文に出てくるから、覚えておこう。

TIPS 英語のまめ知識

「I」は、「ぼく」や「わたし」という意味。
年れいや性別に関係なく、
自分のことをいうときはいつも「I」を使うよ。

文章のつかい方や、
英語のルールをしょうかいするよ。

# わたしは、ぼくは①

- □ ぼくは生徒<sub>せいと</sub>です。
- □ わたしは先生<sub>せんせい</sub>です。
- □ ぼくは歌手<sub>かしゅ</sub>です。
- □ わたしはピアニストです。
- □ ぼくは生徒<sub>せいと</sub>ではありません。
- □ わたしは先生<sub>せんせい</sub>ではありません。
- □ ぼくは歌手<sub>かしゅ</sub>ではありません。
- □ わたしはピアニストではありません。

**❶ TIPS　英語<sub>えいご</sub>のまめ知識<sub>ちしき</sub>**

「not」は、「じゃないよ」というときにつかうよ。
これからいろいろな文<sub>ぶん</sub>に出<sub>で</sub>てくるから、覚<sub>おぼ</sub>えておこう。

I am a student.

I am a teacher.

I am a singer.

I am a pianist.

I am not a student.

I am not a teacher.

I am not a singer.

I am not a pianist.

**❗ TIPS　英語のまめ知識**

「I」は、「ぼく」や「わたし」という意味。
年れいや性別に関係なく、
自分のことをいうときはいつも「I」を使うよ。

# 2 わたしは、ぼくは②

□ わたしはおなかがすいています。

□ ぼくはのどがかわいています。

□ わたしはねむいです。

□ ぼくはハッピーな気分です。

□ わたしはおなかがすいていません。

□ ぼくはのどがかわいていません。

□ わたしはねむくありません。

□ ぼくはハッピーな気分ではありません。

✓ **英語のルール**

**短くする書き方**

I am → I'm          I am not → I'm not

会話のときは、短くする方がよくつかわれるよ。

□ わたしはおなかがすいています。………… I'm hungry.

□ わたしはおなかがすいていません。……… I'm not hungry.

I am hungry.

I am thirsty.

I am sleepy.

I am happy.

I am not hungry.

I am not thirsty.

I am not sleepy.

I am not happy.

**! TIPS　英語のまめ知識**

「'」（アポストロフィ）の打ち方は、
左手の小指で Shift を押しながら、右手の人差し指で「7」を打つよ。

＊キーボードによってはちがうこともあるよ。

日本語あり
105
英語のみ
106

# あなたは、きみは①

□ きみは生徒です。

□ あなたは先生です。

□ きみは歌手です。

□ あなたはピアニストです。

□ きみは生徒ではありません。

□ あなたは先生ではありません。

□ きみは歌手ではありません。

□ あなたはピアニストではありません。

---

## ✓ 英語のルール

### 短くする書き方

You are → You're

□ きみは生徒です。 ……………………… You're a student.

You are not → You're not

□ あなたは生徒ではありません。 ………… You're not a student.

You are a student.

You are a teacher.

You are a singer.

You are a pianist.

You are not a student.

You are not a teacher.

You are not a singer.

You are not a pianist.

---

**❶ TIPS　英語のまめ知識**

「You」は、「きみ」「あなた」という意味。
自分が話をしている相手につかうことばだよ。
友だちにも大人の人にも「You」で話すよ。

4
日本語あり 107
英語のみ 108

# あなたは、きみは②

- □ あなたはおなかがすいています。

- □ きみはのどがかわいています。

- □ あなたはねむいです。

- □ きみはハッピーな気分です。

- □ あなたはおなかがすいていません。

- □ きみはのどがかわいていません。

- □ あなたはねむくありません。

- □ きみはハッピーな気分ではありません。

✅ **タイピングのおやくそく**

1. 大文字ではじめる。
2. 最後に「.」（ピリオド）をつける。
このルールで書かれているよ。

You are hungry.

You are thirsty.

You are sleepy.

You are happy.

You are not hungry.

You are not thirsty.

You are not sleepy.

You are not happy.

ぐっすりの
おまじない〜！

# 5 彼女は（かのじょ）

- 彼女は生徒です。
- 彼女は医者です。
- 彼女はおなかがすいています。
- 彼女はのどがかわいています。
- 彼女は生徒ではありません。
- 彼女は医者ではありません。
- 彼女はおなかがすいていません。
- 彼女はのどがかわいていません。

## ✔ 英語のルール

### 短くする書き方

She is → She's

- 彼女はおなかがすいています。……… She's hungry.

She is not → She's not

- 彼女はおなかがすいていません。…… She's not hungry.

She is a student.

She is a doctor.

She is hungry.

She is thirsty.

She is not a student.

She is not a doctor.

She is not hungry.

She is not thirsty.

---

**❗ TIPS 英語のまめ知識**

「She（彼女）」って、どんな人？

「She」は、「女の子」「女の人」という意味だよ。
お母さん、お姉ちゃん、妹、おばあちゃん、女の子の友だち、女の先生
みんな「She」だよ。

# 6

## 彼は

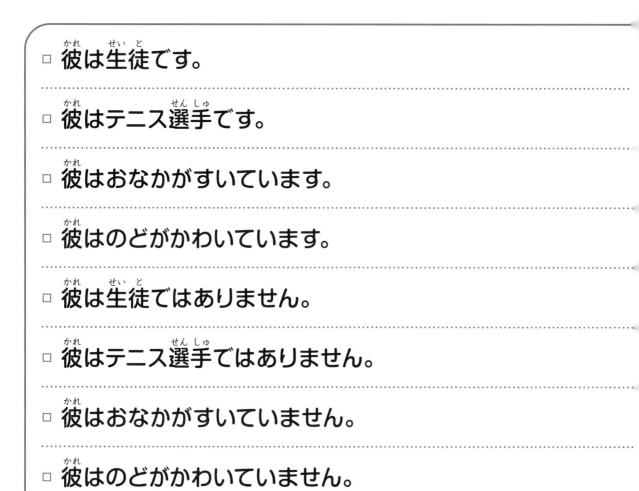

- □ 彼は生徒です。
- □ 彼はテニス選手です。
- □ 彼はおなかがすいています。
- □ 彼はのどがかわいています。
- □ 彼は生徒ではありません。
- □ 彼はテニス選手ではありません。
- □ 彼はおなかがすいていません。
- □ 彼はのどがかわいていません。

---

### ✅ 英語のルール

#### 短くする書き方

He is → He's
- □ 彼は看護師です。‥‥‥‥‥‥‥‥‥ He's a nurse.

He is not → He's not
- □ 彼は看護師ではありません。‥‥‥‥ He's not a nurse.

He is a student.

He is a tennis player.

He is hungry.

He is thirsty.

He is not a student.

He is not a tennis player.

He is not hungry.

He is not thirsty.

**❗ TIPS　英語のまめ知識**

「He（彼）」って、どんな人？

「He」は、「男の子」「男の人」という意味だよ。
お父さん、お兄ちゃん、弟、おじいちゃん、男の子の友だち、男の先生
みんな「He」だよ。

**7** 日本語あり 113 英語のみ 114

# I like / I play

- □ ぼくはイヌが好きです。

- □ わたしはりんごが好きです。

- □ ぼくはサッカーをします。

- □ わたしはピアノをひきます。

- □ ぼくはイヌが好きではありません。

- □ わたしはりんごが好きではありません。

- □ ぼくはサッカーをしません。

- □ わたしはピアノをひきません。

---

**❗ TIPS　英語のまめ知識**

スポーツをするときと楽器を演奏するときでは、play の書き方がかわるよ。

- □ テニスをする ⋯⋯ play tennis
- □ ピアノをひく ⋯⋯ play the piano

楽器を演奏するときは「the」が入るよ。

I like dogs.

I like apples.

I play soccer.

I play the piano.

I do not like dogs.

I do not like apples.

I do not play soccer.

I do not play the piano.

だいすき
なんだよー！

10分間で
何個打てるかな？

# You like / You play

- きみはネコが好きです。

- あなたはみかんが好きです。

- きみは野球をします。

- あなたはギターをひきます。

- きみはネコが好きではありません。

- あなたはみかんが好きではありません。

- きみは野球をしません。

- あなたはギターをひきません。

⭐ やってみよう！

好きなものをどれだけ書けるかな。

「I like 〜 .」をつかって、たくさん好きなものを書いてみよう。
目標は10個！　英語を言いながら何度も書くと、どんどんじょうずになるよ。

You like cats.

You like oranges.

You play baseball.

You play the guitar.

You do not like cats.

You do not like oranges.

You do not play baseball.

You do not play the guitar.

# 9

日本語あり
117

英語のみ
118

# She (He) likes / She (He) plays

□ 彼女はネコが好きです。

□ 彼女はぶどうが好きです。

□ 彼女はテニスをします。

□ 彼女はピアノをひきます。

□ 彼はイヌが好きです。

□ 彼はクッキーが好きです。

□ 彼はサッカーをします。

□ 彼はギターをひきます。

⭐ やってみよう！

家族や友だちが好きなものを書いてみよう。

例

わたしのお母さんはりんごが好きです。　　My mother likes apples.

ぼくの弟はイヌが好きです。　　My brother likes dogs.

わたしの友だちはヨーグルトが好きです。　　My friend likes yogurt.

She likes cats.

She likes grapes.

She plays tennis.

She plays the piano.

He likes dogs.

He likes cookies.

He plays soccer.

He plays the guitar.

# 10　I can / I cannot

---

□　わたしはじょうずに泳げます。

---

□　ぼくは速く走れます。

---

□　わたしはピアノがひけます。

---

□　ぼくはコンピューターがつかえます。

---

□　わたしはじょうずにスキーができません。

---

□　ぼくはゴルフができません。

---

□　わたしはフルートがふけません。

---

□　ぼくはじょうずにダンスができません。

---

**❗ TIPS　英語のまめ知識**

「じょうずにできる」というときは「well」をつかうよ。

例

わたしはピアノがじょうずにひけます。

I can play the piano well.

得意なことは「well」をつかって書いてみよう。

I can swim well.

I can run fast.

I can play the piano.

I can use a computer.

I cannot ski well.

I cannot play golf.

I cannot play the flute.

I cannot dance well.

# 11

日本語あり
121

英語のみ
122

# You can / You cannot

□ あなたは速く泳げます。

□ きみは速く走れます。

□ あなたはギターがひけます。

□ きみは高くとべます。

□ あなたは速く泳げません。

□ きみは速く走れません。

□ あなたはギターがひけません。

□ きみは高くとべません。

### ✓ 英語のルール

「できない」と言いたいときは、

can を cannot にかえるよ。

苦手なこと、できないことなど、いろいろ書いてみよう。

You can swim fast.

You can run fast.

You can play the guitar.

You can jump high.

You cannot swim fast.

You cannot run fast.

You cannot play the guitar.

You cannot jump high.

# 12 She (He) can

日本語あり 123
英語のみ 124

- 彼女はじょうずに歌えます。

- 彼女はケーキを作れます。

- 彼女は泳げます。

- 彼女は自転車にのれます。

- 彼はじょうずに歌えます。

- 彼はクッキーを作れます。

- 彼はじょうずに料理ができます。

- 彼はオートバイにのれます。

## ✔ 英語のルール

### 短くする書き方

cannot → can't

- わたしはじょうずにダンスができません。 ………… I can't dance well.
- あなたは速く泳げません。 ……………………………… You can't swim fast.

She can sing well.

She can make a cake.

She can swim.

She can ride a bicycle.

He can sing well.

He can make cookies.

He can cook well.

He can ride a motorcycle.

□ 彼は歌をじょうずに歌えません。…… He can't sing well.

□ 彼女はオートバイにのれません。…… She can't ride a motorcycle.

# I want

- ぼくはイヌがほしいです。

- わたしはコンピューターがほしいです。

- ぼくはサッカーボールがほしいです。

- わたしはかわいいかばんがほしいです。

- ぼくはすてきなうで時計がほしいです。

- わたしはジュースが1ぱいほしいです。

- ぼくはお茶が1ぱいほしいです。

- わたしは新しいくつが1足ほしいです。

---

✅ **英語のルール**

「Do you ～ ?」をつかうと、質問することができるよ。

- きみはネコがほしいですか？ ……………………… Do you want a cat?
- あなたはかばんがほしいですか？ ……………………… Do you want a bag?

I want a dog.

I want a computer.

I want a soccer ball.

I want a cute bag.

I want a nice watch.

I want a glass of juice.

I want a cup of tea.

I want a pair of new shoes.

# 大好きなもの

- わたしの大好きな色は緑色です。

- ぼくの大好きなおやつはチョコレートです。

- わたしの大好きな教科は算数です。

- ぼくの大好きなやさいはトマトです。

- わたしの大好きなスポーツはラグビーです。

- ぼくの大好きな動物はイヌです。

- わたしの大好きな食べ物はピザです。

- ぼくの大好きな季節は春です。

✓ **英語のルール**

「Your favorite」をつかって、相手の大好きなものがいえるよ。
- きみの大好きな色は青です。……………… Your favorite color is blue.
- あなたの大好きな食べ物はカレーです。… Your favorite food is curry and rice.

My favorite color is green.

My favorite snack is chocolate.

My favorite subject is math.

My favorite vegetable is tomatoes.

My favorite sport is rugby.

My favorite animal is dogs.

My favorite food is pizza.

My favorite season is spring.

# I want to be

- ☐ ぼくは先生になりたいです。
- ☐ わたしはパン屋さんになりたいです。
- ☐ ぼくは花屋さんになりたいです。
- ☐ わたしはデザイナーになりたいです。
- ☐ ぼくはサッカー選手になりたいです。
- ☐ わたしは俳優になりたいです。
- ☐ ぼくは宇宙飛行士になりたいです。
- ☐ わたしはユーチューバーになりたいです。

**❗ TIPS　英語のまめ知識**

**将来の夢を書くとき**

将来という意味の「in the future」をつけてみよう。
例
ぼくは将来野球選手になりたいです。

I want to be a baseball player in the future.

I want to be a teacher.

I want to be a baker.

I want to be a florist.

I want to be a designer.

I want to be a soccer player.

I want to be an actor.

I want to be an astronaut.

I want to be a YouTuber.

すごーい！

# 16

日本語あり 131
英語のみ 132

# I want to go to

- □ わたしはハワイに行きたいです。

- □ ぼくはカナダに行きたいです。

- □ わたしはイタリアに行きたいです。

- □ ぼくはオーストラリアに行きたいです。

- □ わたしはロンドンに行きたいです。

- □ ぼくはニューヨークに行きたいです。

- □ わたしは京都に行きたいです。

- □ ぼくは北海道に行きたいです。

## ● ほかにもあるよ

### 国の名前とことば①

- □ 日本 ………… Japan
- □ フランス ………… France
- □ 韓国 ………… Korea
- □ スペイン ………… Spain

- □ 日本語 ………… Japanese
- □ フランス語 ……… French
- □ 韓国語 ………… Korean
- □ スペイン語 ……… Spanish

I want to go to Hawaii.

I want to go to Canada.

I want to go to Italy.

I want to go to Australia.

I want to go to London.

I want to go to New York.

I want to go to Kyoto.

I want to go to Hokkaido.

### 国の名前とことば②

| □ ドイツ | Germany | □ ドイツ語 | German |
|---|---|---|---|
| □ イタリア | Italy | □ イタリア語 | Italian |
| □ ロシア | Russia | □ ロシア語 | Russian |
| □ 中国 | China | □ 中国語 | Chinese |

コウペンちゃんが、
自分や友だちについて話しているよ。

❶「自分のこと」を話すとき（一人称）

じゃがバター
うっとり…

**I like potatoes.**
（ぼくはポテトが好きなのー。）

・自分（自分たち）のことは、「I like」といっているね。

❷「相手のこと」を話すとき（二人称）

**You like chocolate.**
（おぬしはチョコレートが好きだな。）

・「相手のこと」をいうときは「You like」といっているね。

### ❸「会話に参加していない人のこと」を話すとき（三人称）

こんな料理があるのか！

コウペンちゃんと邪エナガさんが、アデリーさんの話をしているよ。

**Adelie-san likes cooking.**

（アデリーさんは、料理が好きなんだね。）

**He likes reading, too.**

（あやつは本を読むのも好きなのだな。）

会話に参加していないアデリーさんについて話すときは、

「Adelie-san (He) likes」になっているね。

### 三人称の中でも「1人」のことをいうときは

### 「すること」の単語に「s」がつくよ。

ほんをよんで
えらい！

# PART

## 5

# 会話文のタイピングに チャレンジしよう！

英語で話す人たちは、どんなふうに会話をするのかな？
ここからは、英語で会話をしているときの文章を練習するよ。
文章で話すときには、たくさんの英語のルールがあるから、
タイピングしながらおぼえちゃおう！
自由につかえるようになったら、お父さんやお母さんもびっくりするよ！

英語の会話文を
練習するよ。

ちょっとくわしい英語のルールを
しょうかいするよ。

# 1 あいさつのことば

日本語あり 133
英語のみ 134

- こんにちは。

- はじめまして。

- おはようございます。

- さようなら。

- またね。

- ありがとう。

- どういたしまして。

- 良い一日をすごしてね。

💬 **ほかにもあるよ**

- わたしも会えてうれしいです。 ………… Nice to meet you, too.
- また会おうね。 ………………………… See you later.
- あなたもね。 …………………………… You, too.
- ありがとう。 …………………………… Thanks.
- ありがとうございます。 ……………… Thank you very much.

Hello.

Nice to meet you.

Good morning.

Goodbye.

See you.

Thank you.

You are welcome.

Have a nice day.

# 2 あなたのことを教えて①

□ あなたは生徒ですか。

はい、そうです。

□ あなたは先生ですか。

いいえ、ちがいます。

□ おなかがすいていますか。

はい、すいています。

□ あなたはねむいですか。

いいえ、ねむくありません。

✅ **英語のルール**

**短くする書き方**

No, I am not. → No, I'm not.
会話ではこちらの方がよくつかわれているよ。

Are you a student?
Yes, I am.

Are you a teacher?
No, I am not.

Are you hungry?
Yes, I am.

Are you sleepy?
No, I am not.

# あなたのことを教えて②

- きみはサッカーをしますか。
  はい、します。

- きみはギターを持っていますか。
  いいえ、持っていません。

- あなたはフルートを演奏しますか。
  はい、します。

- あなたはバイオリンを演奏しますか。
  いいえ、しません。

⭐ **やってみよう！**

上の４つの質問について答えてみよう。
何秒でタイピングできたかな。
何度も練習してスピードアップを目指そう。

Do you play soccer?
Yes, I do.

Do you have a guitar?
No, I don't.

Do you play the flute?
Yes, I do.

Do you play the violin?
No, I don't.

**❗ TIPS　英語のまめ知識**

相手にも同じ質問をするとき、質問を繰り返さないで、
How about you?（あなたはどうですか？）
と聞くことができるよ。

# 4 あなたのことを教えて③

日本語あり
139

英語のみ
140

□ あなたの名前は何ですか。

ぼくはたろうです。

□ どこから来たのですか。

日本から来ました。

□ 何さいですか。

ぼくは10さいです。

□ 何色が好きですか。

緑色が好きです。

## ⭐ やってみよう！

自分の名前を書いてみよう！

□ わたしは ももこ です。・・・・・・・・・・・・・・・ I am Momoko.

□ ぼくは たかひろ です。・・・・・・・・・・・・・・・ I am Takahiro.

□ わたしは みゆ です。・・・・・・・・・・・・・・・ I am Miyu.

□ ぼくは あつし です。・・・・・・・・・・・・・・・ I am Atsushi.

What is your name?
I am Taro.

Where are you from?
I am from Japan.

How old are you?
I am ten years old.

What color do you like?
I like green.

## 5 あなたのことを教えて④

日本語あり 141
英語のみ 142

□ どこに住んでいますか。
わたしは東京に住んでいます。

........................................................................

□ 何時に寝ますか。
わたしは9時に寝ます。

........................................................................

□ 本を何冊持っていますか。
20冊持っています。

........................................................................

□ お茶かジュース、どちらがほしいですか。
ジュースがほしいです。

---

⭐ **やってみよう!**

自分の住んでいるところを書いてみよう。

□ わたしは 広島に 住んでいます。………… I live in Hiroshima.
□ ぼくは 北海道に 住んでいます。………… I live in Hokkaido.
□ わたしは 福島に 住んでいます。………… I live in Fukushima.
□ ぼくは 三重に 住んでいます。………… I live in Mie.

Where do you live?
I live in Tokyo.

What time do you go to bed?
I go to bed at nine.

How many books do you have?
I have twenty books.

Which do you want, tea or juice?
I want juice.

ㄱㄴㄱㄴ…

LESSON 🔊 \ 10分間て
何個打てるかな？ /

6 日本語あり
143
英語のみ
144

# 会話文

□ このかばんはいくらですか。
それは500円です。

□ あの女の人はだれですか。
あの女の人はわたしのお姉ちゃんです。

□ ネコはどこにいますか。
テーブルの下にいます。

□ 公園へ行こう。
いいよ。

✅ 英語のルール

**短くする書き方**

□ Where is → Where's

□ Who is → Who's

□ What is → What's

□ It is → It's

How much is this bag?
It is five hundred yen.

Who is that woman?
She is my sister.

Where is the cat?
It is under the table.

Let's go to the park.
OK.

## フォントのお話

**英語の小文字の「a」はいろいろな形があるよ。**

a　a　a

「a」や「a」は、手で書くときと形がちがうね！

日本語でも、同じように

「さ」「き」「ふ」などは、

手書きの文字と違っているね。

パソコンでつかう文字（活字）と、手書きの文字は、

ちょっとちがっているものもあるんだ。

同じような書き方をする活字のグループを、

「フォント」というんだよ。

きみは、どんな「フォント」が好きかな？

いろんな
はなまる
だなぁ

# PART

# 6

# 自己しょうかいの
# タイピングに
# チャレンジしよう！

ここまでがんばったなんて、すご～い！
最後は、自分の名前や趣味、好きなものなど、
自己しょうかいができるようになる英語をタイピングするよ。
慣れてきたら、単語やフレーズのレッスンで覚えた単語をつかって、
自由に自己しょうかいの文章をタイピングしてみてね！
最後まで練習したら、また最初に戻って、忘れてしまった単語や
フレーズを復習しよう！　全部覚えられるようになったら、
自分で調べてタイピングに挑戦してみよう。

自分のことを
話す英語を
勉強するよ。

練習の最後は、
自分の自己しょうかいを考えてみるよ。

125

# 自己しょうかい①

日本語あり 145
英語のみ 146

---

☐ こんにちは。

--------

☐ ぼくの名前はひろとです。

--------

☐ ぼくは9さいです。

--------

☐ 日本に住んでいます。

--------

☐ ぼくはサッカーがとても好きです。

--------

☐ 毎日サッカーをしています。

--------

☐ いつかイタリアに行きたいです。

--------

☐ ありがとうございます。

---

**❗ TIPS　英語のまめ知識**

会話でつかうとべんりなことば。

☐ 毎日 …………… every day

☐ とても ……… very much

☐ いつか ……… someday

Hello.

My name is Hiroto.

I am nine years old.

I live in Japan.

I like soccer very much.

I play soccer every day.

I want to go to Italy someday.

Thank you.

**❗TIPS　英語のまめ知識**

Thank you. にはこんな気持ちが入っているよ。

□ 聞いてくれてありがとう。

□ よろしくね。

# 自己しょうかい②

- みなさん、こんにちは。

- わたしはかほです。

- 11さいです。

- わたしの好きな教科は音楽です。

- わたしはピアノがひけます。

- バイオリンもひくことができます。

- 将来ピアニストになりたいです。

- よろしくお願いします。

---

**❶ TIPS　英語のまめ知識**

「だれかといっしょに」ということを書くときは、「with」をつかうよ。

例

わたしはお姉ちゃんとテニスをします。

I play tennis with my sister.

わたしはさとしと毎日学校へ行きます。

I go to school with Satoshi every day.

Hello, everyone.

I am Kaho.

I am eleven years old.

My favorite subject is music.

I can play the piano.

I can play the violin, too.

I want to be a pianist in the future.

Nice to meet you.

えら～い！

10分間で
何個打てるかな？

# ③ 自己しょうかい③

---

□ こんにちは。

........................................................

□ ぼくの名前は（自分の名前）です。

........................................................

□ （自分の年れい）さいです。

........................................................

□ （住んでいるところ）に住んでいます。

........................................................

□ ぼくは（好きなもの）がとても好きです。

........................................................

□ 毎日（していること）をしています。

........................................................

□ いつか（行きたいところ）に行きたいです。

........................................................

□ ありがとうございます。

---

✓ **タイピングのおやくそく**

かならずホームポジションの形をつくる。
大文字を打つときは、Shift（シフト）を押しながら打つ。
「?」を打つときは、Shift（シフト）を押しながら「/」を打つ。

Hello.

My name is (　　　　).

I am (　　) years old.

I live in (　　　　　).

I like (　　　　　) very much.

I (　　　　　　　) every day.

I want to go to (　　　　　) someday.

Thank you.

LESSON

# ④ 自己しょうかい④

- □ みなさん、こんにちは。

- □ わたしは（自分の名前）です。

- □ （自分の年れい）さいです。

- □ わたしの好きな教科は（自分の好きな教科）です。

- □ わたしは（自分ができること）ができます。

- □ （自分ができること）もできます。

- □ 将来（なりたい職業）になりたいです。

- □ ありがとうございます。

**❶ TIPS　英語のまめ知識**

「どれくらいやっているか」は、こういうよ。

- □ ときどき ……………… sometimes
- □ いつも、たいてい …… usually
- □ よく ………………… often

Hello, everyone.

I am (　　　).

I am (　　) years old.

My favorite subject is (　　　　).

I can (　　　　　).

I can (　　　　　), too.

I want to be (　　　　) in the future.

Thank you.

がんばったね！

← アイスあげたい

例

ぼくはときどき野球をします。　　I sometimes play baseball.

わたしはいつも９時に寝ます。　　I usually go to bed at nine.

ぼくはよく図書館に行きます。　　I often go to the library.

# タイピング英語を実践しているお子さまの紹介

　タイピングでの英語学習、お子さまの反応はいかがでしたか？

　最後に、アクティメソッドで英語に取り組んでいるお子さまの様子を紹介します。

### るい君（小2）（三重県名張市 在住）

　アクティメソッドを始めたばかりの年中のときは、タイピングもうまくいかず、何度もくじけそうになりました。

　そこで、おうちの方は「毎日の英語の学習時間」を決め、タイピングと音読を中心に、2年半の間コツコツと毎日必ず取り組まれた結果、現在は約2,000語以上のスペルが書けるようになりました。

　さらには、覚えた単語を使ってスピーチをしたり、作文をすることができるようになりました。

### たいち君（小6）（三重県名張市 在住）

　小学校3年生のときからスタートしたたいち君も、やはり最初はタイピングに苦戦しました。しかし、3年間コツコツと努力を重ね、現在では全国トップレベルの英語タイピング力の持ち主です。好奇心旺盛で、習ったことはすぐ使いたがるのが、たいち君の良いところです。

　新しいこと、自分が知らないことに素直に興味を持ち、行動する。それがすべて結果に結びついていることを本人が実感しています。

### あやかちゃん（中1）（三重県伊賀市 在住）

　小学校4年生から始めたあやかちゃんは、とても頑張り屋さんです。ピアノも上手で、コンクールで入賞するほどの腕前があります。

従兄弟がスイスに住んでいるので、いつか会いに行きたいと、英語に取り組んでいます。現在は、中学校1年生ながら、高校生レベルの内容のレッスンを受講中。習った表現を使ってタイピングで作文するトレーニングでは、すぐに新しい表現を使いこなしていることに感心します。

　タイピングのスピードも速く、スペルの正確さもいうことがありません。

　3人の生徒さんを紹介しましたが、皆さんに共通していることは「学ぶ意欲がある」ということです。

　なぜ、ここまで高い学習意欲を持ち続けられるかというと、それはやはり、「できるようになる」からです。

　タイピングは勉強ではありません。スキルです。練習すれば、誰もが必ず上手になります。

　まずは1日10分、タイピングを練習し「できるようになる」ということを実感すれば、子どもたちの意欲は自然と育っていくでしょう。

アクティメソッド

小林　京美

**小林 京美**（こばやし きょうみ）

株式会社iGO代表取締役。神奈川県出身。
外資系エアラインにCAとして勤務。
三重県での子育て中に自宅で英語教室を始める。
試行錯誤を重ねながら、子どものためにタイピングを取り入れた
英語指導法「アクティメソッド」を開発し、その効果がネットで大きな反響を呼ぶ。
2020年にオンライン授業を開講後、全国から問い合わせが殺到。
子ども英語の新メソッドとして注目を集めている。

**るるてあ**

イラストレーター。「朝おきれたの？　すごーい！」などなど、
なんでも肯定してくれるコウテイペンギンの赤ちゃん
「コウペンちゃん」をTwitterで発表して爆発的な人気を得る。
フォロワー数は30万人を超える。

| | |
|---|---|
| カバー&本文デザイン | ナカムラグラフ（中村圭介、清水翔太郎） |
| 校正 | 鷗来堂 |
| 編集 | 野村 光 |
| 音声収録 | ELEC |
| ナレーション | Bianca Allen、Dominic Allen、水月優希 |
| DTP | ニッタプリントサービス |
| 企画協力 | イータイピング株式会社、松浦高宏 |

小学生から始めるタイピング英語
コウペンちゃんと学ぼう

2020年8月27日　初版発行
2020年12月20日　3版発行

| | |
|---|---|
| 著者 | 小林 京美（アクティメソッド） |
| イラスト | るるてあ |
| 発行者 | 青柳 昌行 |
| 発行 | 株式会社KADOKAWA |
| | 〒102-8177　東京都千代田区富士見2-13-3 |
| 電話 | 0570-002-301（ナビダイヤル） |
| 印刷所 | 大日本印刷株式会社 |